Kopfzeit

KOPFZEIT

Lyrik aus der Schaffensperiode 1996 bis 2003

Verfasst von F. Elix

Bibliografische Information der Deutschen Nationalbibliothek:
Die Deutsche Nationalbibliothek verzeichnet diese Publikation in der Deutschen Nationalbibliografie;
detaillierte bibliografische Daten sind im Internet über
< http://dnb.d-nb.de > abrufbar.

Satz, Umschlaggestaltung, Herstellung und Verlag: Books on Demand GmbH, Norderstedt
ISBN: 978-3-8334-6708-0

Inhalt

KOPFZEIT

Die Möglichkeit, die Zeit
Im Kopf zu bewahren
Gedanken und Ideen
Nicht zu vergessen
Dem Leben stets eine Eigenart
Mit Gegenwart
Vergangenheit und Zukunft geben. *FX100496*

SINNLOS UND OHNE KRAFT

Zarte Nebel, graue Schleier
Verdecken meine Seele
Energie, wohin willst du?
Und wieso?
Meine Kraft schwindet
Droht im Meer der Tränen
Des Schmerzes und der Vergessenheit unterzugehen
Was bleibt am Ende
Ist eine leere, kraftlose Hülle
Wo mein Denken allein gelassen
Meine Gefühle verbrannt
Meine Liebe ins Leere geht
Und kein Sinn einen Sinn ergibt. *FX051097*

NIEMANDSLAND

Leise vergehen die Träume
Zurück ins Niemandsland
Kein Schrei der Hoffnung
Zeit der Einsamkeit
Mit dem Blick
Den Berg der Wolken erklimmen
Suche nach der Ewigkeit
Suche nach der Sehnsucht
Nacht der Einsamkeit
In Angst vor der Flucht der Berge
Der Trost der Trostlosigkeit
Den Träumen ins Niemandsland folgen
Und der Versuch, die Wolken zu besitzen. *FX230801*

SEHNSUCHT

Versunken im Mut der Gedanken
Lodert die Flamme doppelt heiß
Schmelzen die Sinne ein Gefühl
Ein Gefühl der Sehnsucht
Nach dem Trost deiner Worte
Nach dem Sinn deiner Berührung. *FX091201*

FRAGEZEICHEN

Den fruchtlosen Worten
Stand die Lüge im Gesicht
Selbst die Tränen
Hinterließen einen bitteren Nachgeschmack
Zornige Aggression
Aus der tiefen Wunde im Herzen
Wenn die Sinne des verkehrten Denkens
Eklige Fragezeichen hervorrufen
Das Vertrauen sich in eine unwahre
Zukunft verbeißt
Mit allen Mitteln
Bösartigkeit und Dummheit
In den pulsierenden Kreislauf der Tage bringt
Du hattest von alldem keine Ahnung
In welchem Verhältnis die Realität
Zum Leben stand
Ruft in deinem Verstand
Fragezeichen ohne Antwort hervor. *FX010302*

KALTE EMOTION

Es erstrahlt der Osten
Im Licht der Dunkelheit
Durchnässt von den Tränen der Angst
Kalte Blumen bohren
Spitze Dornen in mein Herz
Das verblutet im Wind
Die warmen Gedanken erfrieren
Schwarze Nebel am Horizont
Verändern die Sicht der Dinge
Gefühle versickern in der ewigen Nacht
… und es ist eisig kalt. *FX311201*

DER NEUE KREISLAUF

Der neue Kreislauf erdrückt den Verstand
Gewalt wird zu Wahrheit
Verklungen ist der letzte Ton
Der weichen Worte
Stille zerfrisst die Klarheit
Mein Herz purzelt ins Leere des Universums
Sucht nach der Sonne
Die Verwundungen heilt
Dem Strom der Lügen keinen Weg zeigt
Und dem Gefühl der Sehnsucht folgt
Ins Tal der Liebenden. *FX010102*

REGENZEIT

Heute passt das Wetter zu meiner Stimmung
Ich weine wie der Regen
Hat was, wenn niemand meine Tränen sieht
Mein Herz ist grau wie der Nebel
Blutende Gefühle schmerzen doppelt
Mein Gefühl ist kalt wie die nassen Blätter
Wenn mir der Sinn nach Liebe steht
Die weder erwidert noch beantwortet wird
Meine Beine schwer und plump
Wie die Äste der Bäume
Müde und ausgebrannt
Ausgesetzt der Quälerei bei Tag und Nacht
Meine Arme kraftlos herabhängend
Wie die Blumen und Gräser
Die Kraft aus jungen Jahren
Verzehrt sich mehr und mehr
Ärger und Verletzungen heilen sehr schwer
Mein Denken den Weg der Freude verlassen hat
Wie zugezogene Wolken
Die Worte allein den Trost nicht finden
Berührungen meiner Seele unmöglich werden
Dann ist es Zeit aufzubrechen … *FX230901*

ERDE GEFANGEN HALTEN

Auf der Suche mit dem hellen Mondeslicht
Den Strahl der dampfenden Erde
Im Herzen gefangen halten
Freigeben
Wenn die grauen Wolken des Morgens
Gläserne Schatten in dein Gesicht malen
Deine Augen sich in meine versenken
Dein Kuss unendliche Weite ist
Dann bleibt mein Ich bei dir. *FX060703*

ALPHA UND OMEGA

Zärtlicher Touch
Femininer Duft
Berührung von Haut zu Haut
Ängste fühlen und Tränen trocknen lassen
Mit Begierde deine Seele trinken
Die Einsamkeit deines Herzens
In einem Augenblick der Wahrheit
Verweilen lassen
Wo Freundschaft mehr zu sein scheint
Als es zuerst ist
Doch immer wieder dein Fallenlassen
Dein Zurück in ein endloses Halten
Dein Auf- und Abschwellen der Gefühle
Um Liebe und Loslassen
Abschied und Wiederkommen
Träume, Sehnsucht, Verwirrtheit
Nicht wollen
Nicht erkennen
Vermischt mit den Gedanken
Hilflos zu sein
Es als Unglück zu empfinden
Deshalb allein den Weg nicht gehen zu können
Weil Hilfe allein gelassen
Ignoriert und verletzt wird
Meine rettende Hand ins Leere greift
Mein Mitleid einen Fluss der Traurigkeit öffnet
Und nicht verstanden wird
Sich plötzlich ein Dornbusch
Um mein Herz windet
In dem die Rosen verwelken
Ohne dass die zarten Blüten
Ein Lichtstrahl erreicht

Spiegel zerbrechen
Ein brennender, bohrender Schmerz
Im Gefühl für dich
Dein Gesicht lässt eine nasse Spur zurück
Deine Augen fragend in meinen lesen
Und ich in meinem Blut des Schweigens ertrinke
Zurück bleibt der Zahn der Zeit
Und die Ewigkeit des Tuns. *FX150498*

DIE ANDERE SEITE DES LEBENS

Ich bin nicht wie die anderen
Schwimme nicht mit dem Strom
Kann nicht sagen: Wozu?
Und alle, die da stehen
Glauben, normal zu sein
Wie viele sind im Leben verändert worden
Ohne Liebe
Ohne Sinn
Veränderung muss nicht bedeuten
Dass ich mich verändere
Toleranz kann sehr anstrengend
Manchmal verletzend
Ja sogar lebensbedrohend sein
Möchte halten und es fällt
Möchte lieben und es wird zerstört
Um dann dennoch wieder
In einem Sein gefangen zu sein
Das andere Lieben
Das andere Leben
Ihre Liebe und ihr Hass
Lasst mir meine Ruhe und mein Leben
Mein Leben lieben. *FX051997*

HERZSCHWEIGEN

Eine dunkle Wolke zog über das Tal der Sonne
Nebel des Misstrauens schlichen
In unsere Herzen
Dunkle Monster kamen aus ihren Löchern
Sie verschlangen gierig das Vertrauen und die Wahrheit
Ängstlich versteckte sich der Hase
Hinter dem Regenbogen
Aus der Sonne wurde blankes Eis
Es ließ die Seelen erfrieren
Die Gedanken waren nicht mehr
Lebendig und frei
Die Tränen auf meinem Gesicht brannten heiß
Mein Herz fragte nach einem Sinn
Meine Augen suchten in einem toten Gefühl
Nach einer Antwort
Mit dumpfen Schlägen leiser werdend
Versuchte meine Seele einen Weg zu finden
Die Ohnmacht der Sonne zu überwinden
Den Sinn des Tuns zu verstehen
Wahrheit und Wärme der Kinder neu zu entdecken
Um dennoch unterzugehen
Wenn meine Zeit gekommen ist. *FX230901*

STILLES KLAGEN

Vergessenes Atmen
Zerplatzt wie eine Seifenblase
Im Gehirn der Schwerelosigkeit
Vergessene Sehnsucht
Meine eigene Zärtlichkeit verblasst
Neben dem Gedanken der Trennung
Vergessenes Weinen
Zerfrisst meine Hilflosigkeit
Die Rosen verwelken im Staub des Glücks
Vergessene Liebe
Die Hand an meinem Herzen zittert
Sucht verzweifelt in der Tiefe der Asche
Nach einer verbrannten Liebe. *FX090199*

STERN OHNE LICHT

Heute ist es Gewissheit
Heute bin ich frei
Zu sein, der ich bin
In der Leere des Universums
Allein
Ein Stern ohne Licht
Ein kaltes Etwas
Ohne Emotion
Kein Gefühl
Kein Anfang und kein Ende
Träume sind nur Illusion
Neid frisst in mir
All die andern Sterne glühend hell
Beinahe schadenfroh
Eine Frage nagt in mir
Wieso ich erlosch, wo doch innerlich
Die Flamme lodert?
Ist mein Licht zu klein, um zu erstrahlen?
Was fehlt mir
Was andere haben? *FX090199*

NUR EINER

Du kamst in mein Leben
Wie ein Wirbelwind
Hast mein Herz verwundet
Nun stehe ich da mit offnem Herzen
Der Liebe unbegründet
Mach ein Ende oder hilf mir bitte
Dieses Warten ewig lang
Erträgt mein Kopf nicht mehr
Möchte ich doch sehr
In deine Arme sinken
Und vergessen den Schmerz
Den dein Gehen verursacht hat. *FX090199*

MAGIC INFERNALE

Steinern ist der Wille
Wenn die Gespräche desolat sind
Die Herzen schreien
In der Zeit des Schweigens
Gefühle zerbrechen wie Glas
Sehnsucht und Zuneigung mich nicht erreichen
Deine Gedanken einen scharfen Nachgeschmack hinterlassen
Die Einsamkeit zerfrisst meinen Glauben
Vertrauen macht der Enttäuschung Platz
Deine Augen illusionsreich
Im Traum der Realität verspüren lassen
Gleichzeitig falle ich in einen dunklen Schacht
Der mich vergessen lässt
Dich je gekannt und geliebt zu haben
Dennoch verspüre ich
Wie du an meiner Seele trinkst. *FX010700*

VERBISSEN

In der Vergangenheit blieb die Zeit
Eine Sekunde im Jenseits gefangen
Sodann fehlte in der Zukunft
Ein ganzer Tag
Der die Liebe zu dir nicht erkannte
Im Moment der Wahrheit verglühte ein Stern
Was blieb, war weniger als nichts
In der Unendlichkeit der leeren Gefühlswelt
Verbissen in den Armen des Hasses
Aus dem Hinterhalt
Überraschend zuschlagen
Keine Möglichkeit einer Abwehr lassen
Unvorbereitet ins offene Messer fallen
Unvorbereitet bluten lassen. *FX120602*

WIEDERFINDEN

Eintauchen in deinen funkelnden Lichtstrahl
Einer immerwährenden wärmenden Nähe
Haltlos verweilen
An den Ufern deiner Sehnsucht
Sichtbar dem Geheimnis den Weg abschneiden
Deinem Menschen in dir
Anhaltende Kraft geben
Für die Erlangung einer Leidenschaft ohne Ende
Im Wiederfinden eines Verlangens
Nach Herz und Seele
Und nach unendlicher Freiheit. *FX250602*

ROSEN DER BERÜHRUNG

Im Niemandsland der Gefühle
Steht die Zeit still
Eine Sekunde sind tausend Jahre
Warten auf den zarten Kuss einer Rose
Und die Berührung durch den Wind. *FX050802*

VERWUNDETER WILLE

Die Nacht der Träume in meinem Herzen
Verwirren das Gefühl der Sehnsucht
Der Schlüssel zum Tor des Ich
Verbirgt sich vor dem suchenden Blick
Energie aus hellem Licht
Ersetzt nicht den verwundeten Willen
Löst Panik aus
Den wahren Sinn des Lebens zu ertasten
Warten auf die Hand, die meine festhält
Ein liebevoller Atem
Der wärmend mein Gesicht streichelt
Augen, die mein Empfinden heilen
Ohne zurückzufordern
Regenbogengedanken
Triefen von wässrigen Farben
Zerrinnen zu salzigen Tränen
Nähren schlaftrunken meine selbst gewählte
Und oft verwünschte Einsamkeit
Ohne Seele und allein. *FX030902*

SCHWERT DER HOFFNUNG

In deinem Herzen
Bin ich deine Wonne und Freude
Du bist mein funkelnder Stern
Im schwarzen Loch meines Daseins
Drohende Wolken des Widersinns
Vermögen nicht die Feuer löschen
Kein Erdrutsch kann unsere Gefühle erdrücken
Stärker denn je verspüre ich
Die Macht deiner Gegenwart
Und deiner Liebe zu mir
Im unendlichen Tal der Sonne
Wo sie niemals untergeht
Das Schwert der Hoffnung
Ist eine Blume
Die Geduld ihre Blüten
Ihr süßer Nektar ein Lächeln
Es vermag nicht einmal die Ewigkeit zu sagen
Wann die Unendlichkeit endet. *FX280702*

NEBENGEFÜHL

Zähle deine Träume
Wie die Tränen im Ozean
Im Ozean der Inseln
Halte die Gedanken fest
Schließe deine Augen
Dann wird eine Knospe erblühen
Im süßen Duft
In den tiefen Abgründen deines Herzens
Wohnt eine Sehnsucht
Immer bewacht
Von deiner Angst und deinem Stolz
Neben dem Gefühl von Zärtlichkeit
Steigt dein Verlangen ins Unendliche
Mich lieben zu dürfen. *FX210402*

MIT DIR

Streicheleinheiten für deine Seele
Balsam für dein Herz
Farbtupfer für deine Haut
Zaghaftes Lächeln für deinen Mund
Femininer zärtlicher Touch
Süß duftender Jasmin für dein Haar
Eingefangener Sternenstaub für deine Augen
Ein Ozean voller Träume
Eine Oase für dein Schweigen
Schneewolken für deine Tränen
Ein Sonnenstrahl für deine unendliche Liebe
Meine offenen Arme für deine Traurigkeit
Allein dein Zögern und dein Warten
Vermag nicht deine Sehnsucht zu füllen
So wird es werden
Wenn ein leiser Wind
Den Duft der Blüten sendet in mein Herz
Dann spüre ich deine Zärtlichkcit
Zusammen sind wir in Gedanken frei
Atmen den Traum zur Wahrheit
Geben uns den Mut
Zu sehen die Welt in unserem Licht
Keine Wolke wird sie trüben
Du und ich. *FX160602*

GLEICH EINEM SONNENSTRAHL

Gleich einem Sonnenstrahl
Der mit feinem Spinnenfaden
Weit reicht in die Ferne
Unsagbar viel Wärme spendet
Ich möchte
Dass meine Nähe über die Wolken wandert
Dir heilsame Wärme
In dein Herz bringt
Dass mein Licht dir Freude gibt
Und deine kalten Tage
Mit einem hellen Lichtstrahl
In Liebe verzaubert sind. *FX031102*

LICHT FÜHLEN

Aus dem Herzen
Dringt tief der Schrei nach Frieden
Kaum bewegt die Lippen
In deinen Augen liegt die Müdigkeit
Kaum gespürt den Verlust der Energie
Deine Hand ist bewegungslos und verharrt
Kaum gefühlt den zarten Hauch des Kusses
Dein Ohr in die Stille lauscht
Kaum ist verklungen der letzte Ton einer Farce
Dein Mund kein Wort mehr sagen mag
Bleibt für immer stumm
Kaum dass das Ich verschwindet in der Dunkelheit
Und sich nährt vom Licht vergangener Träume. *FX300502*

GESTERN

Im Geiste die Begegnung
Mit allen Sinnen ertasten
Den Luftzug des Atmens verspüren
Den Herzschlag des Augenblicks wahrnehmen
Die Sekunde der Wahrheit erkennen
Das Wissen
Dass es unwiederholbar
Wunderbar schön war
Und nie mehr passieren wird
So sehr ich es wünsche
Und meine Sehnsucht danach
In Erinnerung belassen
Dem Leben eine andere Richtung geben
Mit der Süße von gestern. *FX170502*

ERBARMUNGSLOS TRAURIG

Wenn Sonnenstrahlen zerbrechen
Und Sterne verlöschen
Der Mond kalte Signale in mein Herz sendet
Die Hoffnung sich verflüchtigt
Die Kraft einen fahlen Nachgeschmack
Auf meinem Gaumen und der Zunge zurücklässt
Bittere Tränen heiß an meinen Wangen brennen
Das Gefühl des Erdrücktwerdens nicht mehr nachlässt
Leer und ausgebrannt die Gedanken
Energie nicht mehr speicherbar
Lebenswille auf ein Minimum geschrumpft
Hunger und Durst
Ignoriert, bekämpft, unterdrückt
Dem Gefühl der Ungewissheit erbarmungslos ergeben
Keine Abwehr, kein Schutz
Nur grenzenlose Traurigkeit
Hilflosigkeit
Untätigkeit
Schwäche
… und ein gebrochenes Herz. *FX170502*

BLUTIGE RUTEN

In der momentanen Verwirrtheit meiner Gedanken
Ist es leicht, meine seelische Verfassung
Als Schwäche zu sehen
Für den eigenen Vorteil zu nutzen
Ohne dass ich dawider denken kann und mag
Was sich in kranke Gehirne verirrt
Welchen Zweck ein Um-sich-Schlagen
Mit blutigen Ruten hat
Kann mir nicht mein Leben
Noch meine Seele zurückgeben
Sich wehren ergibt keinen Sinn
In der Verlorenheit meines Lebens
Glimmt kein Funke Hoffnung
Auf Besserung
Egal ob ich was tue
Egal ob ich was sage oder nicht
Im Gestern vergesse ich mich
Und mein bisheriges Leben. *FX021103*

SEELENZEIT

Und kann es doch nicht sein
Was in der Vergangenheit ist
So kann ich der Gegenwart
Überdrüssig sein
Wenn die Zukunft kein Ende
Meines Schmerzes wird
Meine Liebe kein Gefühl mehr hat
Nur Enttäuschung und unendliche Tränen
Die die Last in meinem Herzen ändern
Kein Tag vermag mir Sonnenschein
Zu geben
Meine Hilflosigkeit ins Grenzenlose steigt
Keine Angst mir einen neuen Sonnenstrahl bringt
Dann wird es Zeit
In das andere Tal zu sehen
Um zu spüren
Wie mein Herz Stück für Stück zerbricht. *FX190403*

IM JENSEITS DER TRÄUME

Wenn der Winter in seiner Grimmigkeit
Bricht in mir und alle Zeit vergeht im Traume
Verblassen Schatten leise und ohne Zahl
Welch Gefühl noch hält
Und ob die Farbe echt
Sturm und Wind zerdrücken mein Sein
In der Wahrheit ohne Grund
Wenn Falken schlagen das Gericht
Nimmt es mir den Atem
Unbeweglich bleibt mein Tun
Im Herzen ist es dunkel
Kein Leben vermag der Geist
Mehr einzuhauchen
Kerzen verbreiten süßen Duft
Und können nicht erweichen den Erdenrand
Um zu sehen das weite Feld
Der ewigen Sterne Glanz verblasst
Neben der Schönheit der Rose im Herzen
Wenn die Tränen fließen zu einem Strom
Und das Fühlen einer Liebe in mir pocht. *FX060203*

KOPFENDE

Wenn mein Denken zum Schwergewicht wird
Kann ich nicht nachvollziehen
Was meinen Kopf blockiert
Was meine Seele zum Explodieren bringt
Welche Seite meines Ichs
Das Blut meiner Gedanken eisern festhält
In Ketten legt und vergewaltigt
Wie viel Zeit vergehen muss oder überhaupt
Dem Scheiß in meinem Leben
Ein endgültiges Aus zu setzen
Ein Ende ohne Wiederkehr
Kein Zurück
Ein Abschied für immer
Das ist nur dann
Wenn ich verrückt werde oder tot bin. *FX190403*

IM TON DER GEDANKEN

Welk und schlapp ist das Herz
Schwimmt träge im immerwährenden Strom des Blutes
Das grau und fahl blubbernd
In den Kanälen der Lustlosigkeit vertropft
Kahle Wände, trübes dumpfes Schlagen
Begleitet von zischender haltloser Eintönigkeit
Verschollen im Tunnel der Angst
Dazwischen schluchzende Hoffnungslosigkeit
Und Wut
Wut, die ins Leere greift
Kein Ohr zum Zuhören hat
Breites Grinsen versperrt Gefühlen den Weg
Zermalmen die Geduld
Zerfetzen dich wie Papier
Meine Tränen zerrieseln zu Salz
Das bitter in deinen Wunden kreist
Jeder Ton hat die Konsequenz der Wahrheit
Verbirgt dennoch jede Lüge
Und frisst die Zeit
Im heimlich Verklingen seltsamer Gestalten
Schlägt die Trommel nur der Narr
Um nicht aufzufallen in der Reihe
Der Scheintoten und der Würmer
Es gibt ein schrecklich knirschendes Wehklagen
Wenn unsere Gehirne im Einklang mit der Fremde
Eiskalt zerquetschen
Und das Rückgrat leise bricht
Es purzeln die Gedanken
Haltlos, trunken, schwerelos
Einsam und allein in die Leere aller Welten. *FX230803*

IM NEBEL DES SCHWEIGENS

Im Nebel des Schweigens zieht es Unwahrheiten an
In Regen getauchtes Licht ruft verdrängte Schatten hervor
Im zerfließenden Tau erkenne ich dein Gesicht
Im Schall des fallenden Schnees vibriert deine Stimme
In meinen Gedanken sehe ich den schlaftrunkenen Wunsch
Uns für immer zu gehören
Auch wenn die Wolken der Liebe
Sich hinter dem Mond verstecken
Und deine Sonne in meinem Herzen unaufhörlich brennt
Mein zärtliches Gefühl
Wie eine Hand, die nach den Sternen greift
Im verborgenen Geäst
Der Vogel deiner Freiheit
Lauthals das Lied der Freude jubiliert
Kann ich dennoch nicht in meinen Träumen
Von dir und deiner Sonne lassen. *FX121003*

KRAFTLEBEN

Kein Hunger, kein Durst
Nur endlose Weite
Wind in meinem Haar, silbernes Mondlicht
Meine Augen schließen und alles hinter mir lassen
Vergangenheit brechen!
Gegenwart nutzen
Einsaugen, loslassen
Vergessen, was Traurigkeit ist
Vergessen die Wunde, die blutet
Vergessen den Schmerz der Lüge
Vergessen das zarte Ich …
Nichts müssen
Nichts tun
Nichts denken
Nichts beantworten
Nichts fragen
Im Leben bleiben, noch nicht fortgehen …
Zu früh, zu schön
Die Freiheit des Sturzfluges unerwartet stoppen
Abheben, gleiten
Und über meinen Horizont sehen
Hören, wie der Wind zustimmt, wenn ich
»Spread your wings!« zu meinem Ich sage
Alles Schwere am Boden zerschellen lassen
Verändern und einsperren …
Mich bereit machen
Den Geist und die Seele zu öffnen
Unendlich lange bewegungslos und tonlos verharren
Verschmelzen mit dem Ort
Ertasten den Duft der Erde
Warm, wärmer, heiß!
Festhalten an den Gedanken der Bäume

Unendliche Kraft! Bis zum Überlaufen
Randvoll aufnehmen
Das Ertragene und Erlebte
In ein tiefes Loch werfen … zuschütten …
Kopf klar, Herz atmet frei
Schall vermeiden, leise kommen, leise gehen
Natur einfühlen, Natur einschmecken
Natur einsehen, Natur einhören
Geister in den Blumen wecken
Den Pinsel eintauchen in einen Farbteppich
Bilder nach den Sternen malen
Mit der Vielfalt meiner Traumwelt
Entfernt und doch so nah
Leicht wie eine Feder werden
Dem Anblick des Himmels standhalten
Feines Vibrieren zulassen
Spüren, wie mein Herz überall schlägt
Die Sonne auf der Seele belassen
Für immer
Im Wiederkommen Leben trinken. *FX300403*

AM FIRMAMENT DES JETZT

Gegenwart und Zukunft vereinen
Wieder zurückgeben
Aus dem Samenkorn
Wird die Blume der Wahrheit
In unserem Land der Sonne
Vermissen jede Sekunde, die ohne dich ist
Zähle nur die Zeit, die wir im Sturm der Wolken
Der Einfachheit freien Lauf lassen
Keine Barriere, keine Aggression
Eintauchen in das Licht unserer Sterne
Am Firmament des Jetzt
Belassen für immer. *FX100803*

DORNEN IN MIR

Eis auf den Blüten der Traurigkeit
Schnee in der verlorenen Seele der Einsamkeit
Stille und Frieden tut weh
Allein
Und noch mehr
Nicht zu wissen, wann das Feuer
Für immer verlöschen wird
Wenn kein Wind die Glut entfacht
Der Stern der Liebe als leerer, kalter Eisplanet
In die Tiefen unhaltbar und unerreichbar fällt
Ohne die Sonne ein letztes Mal gespürt zu haben
Wenn die Rose verwelkt an meinem Herz
Und es spitze Dornen für immer bluten lassen
In der Unendlichkeit der Zeit ohne Gefühl. *FX140103*

HERZSIGNAL

Allein der Schmerz dringt aus deiner Seele
Gellt in die Nacht und verhallt
Lautlos und haltlos
An den glatten Wänden des Glashauses
Die Augen sehen dich nicht
Die Ohren hören dich nicht
Den Willen machen andere
So verkrampft sich dein Herz
Sendet kalte Signale
Die mich das Fürchten lehren … *FX091201*

BIS IN ALLE ZEIT

Der volle Mond
Sendet Strahlen der Wonne in mein Herz
Vermag meine Gedanken zu verzaubern
Hat den Charme der offenen Lotusblüte
Benetzt mit dem Morgentau
Zärtlich gestreichelt von den Nebeln des Windes
Im Geäst des Baumes
Behütet von den Farben des Regenbogens
So halte auch ich dich in meinen Armen
Mit Liebe bis in alle Zeit. *FX200802*

SONNENTAL

Der kalte Hauch des Nebels
Streift das Land im Sonnental
Brennende Farben im Ahornbaum
Glückliche Traurigkeit
In den Quellen der Poesie zum Tor der Magie
Verschlossene Erkenntnis
Ein Wissen
Um Veränderung, Abschied, Wiederkommen
Gedanken und Träume
Tauchen in ein silbriges weiches Licht
Verblassen neben der Schönheit
Und der Schärfe des Regenbogens. *FX080802*

FELDER UNSERER LIEBE

Auf den Feldern unserer Liebe
Gedeihen nur die Rosen unserer Leidenschaft
Sie werden mit den Träumen unserer Herzen gepflügt
Und mit dem Dünger unserer Zärtlichkeit begossen
Die Zeit in ihrer Unendlichkeit
Bestimmt die Größe unseres Miteinanders. *FX150802*

EINE NICHT GELEBTE BERÜHRUNG

Sprachlosigkeit definieren
Ist Impuls gewinnen
So ist alles schleppend
Unnahbar und nicht zu bannen
Chaos umgibt mich, Chaos durchdringt mich
Verhalten habe ich die Gegenwart verloren
Verharre zwischen Nachwirkung uns Aussicht
Eingebrannt in eine nicht gelebte Berührung
Denn ich bin in Pommerland
… und Pommerland ist abgebrannt! *FX080302*

TIEFE EINSAMKEIT

Entlang des Gestades kam mir entgegen
Eine tiefe Einsamkeit
Fragte nach der Liebe
Sehnsucht im Herzen
Konnte nicht beantworten
Welche Pein an mir nagt
Welches Fühlen mich plagt
Die Rose in ihrer Hand fing an zu welken
Die Farbe wurde blass
Meine Hand zitterte
Welches Empfinden?
Dachte viel und auch an nichts
Mit Wehmut an die warmen Tage der Jugend
Wenn Schurkenstücke verhalten flüsterten im Wind
Bei meinem Anblick nicht ein jeder wusste
Ob jetzt grad oder schräg
Ich dennoch nur meinem Herzen folgte
Wo ist die Zeit des Schweigens
Wo die Blüte meiner Liebe
Wo ich mich nahe dem Winter meines Lebens
Und nicht weiß
Was bringen wird der Klang der Stimmen
Die tuscheln in einem fort und nicht vermögen
Mir Heiterkeit zu geben
So hält mich fest das Streben
Nach der Süße des Lebens
Ob ich es erreichen kann oder nicht
Der Greis alleine ist
Die Weisheit reicht nicht aus
Ein hohles Loch zu füllen
Weder vermag es Liebe zu geben. *FX210402*

VERZAUBERTES ICH

Aus vertrauten Tiefen klingt der Ton der Flöte
Die den Weg weist in unser Tal
Wo immer die Blumen blühen
Die Sonne der Liebe die Herzen wärmt
Meine Energie auf der Suche
Nach deinem Menschen
In zärtliche Bilder taucht
Das Festhalten deiner Seele
In einer einzigen Umarmung
So viel Gefühl wie das All Sterne hat
Ein einziges Lächeln von dir
Verzaubert mein Ich
Meinem Leben eine neue Richtung geben
Ein neuer Weg
Den stets dein Sonnenstrahl begleitet
Kein Hunger ist so groß
Wie der Hunger nach dir
Nach deiner Zärtlichkeit
Nach deinem Sein
Und dem Ton deiner Flöte. *FX220902*

GEISTER DER SEELE

Der Zauber des Regenbogens
Im Lichte grauer Wolken
Kriechende Nebel
Nasse Bäume
Tropfende Gräser
Und der Sonnenball
Magische grüne Welt
In zarte Flötentöne gehüllt
Rosenblüten süßen Duft verströmen
Ahornblätter leise rascheln
Einen Bogen spannen über die Ferne
Und der Kuss des Windes
Sehnsucht in sich trägt
Versammeln sich die Geister
Aller Seen und Tümpel
An dem Ort der Oase
Um gemeinsam die Trommel zu schlagen
Zu verkünden die Freude über das Leben
Und zu säen in jede Seele. *FX040802*

PROFESSION IRRITABEL

Die Vergangenheit ist räumlich
Die Zukunft ist ein Schatten
Immanenz greifbar und solide
Egozentrik riecht nach Showergel
Sex permanent bösartig
Humanist ist der
Der wöchentlich streikt
Praktikabel ist ein TV-Sender mit zynischem Programm
Vertikal zum Sterben verurteilt
Mental und verbal signifiziert
Extorial ((Wort existiert nicht)) und verdammt zum Leben
Auch humanoid und präventiv
Prähistorische Präsenz
In den Ringen unter den Augen
Rückgrate der Egoisten
Steif, zerbrechlich
Gerade biegen
Den Stahl erweichen
Positives zu Negativem klopfen
Tatsachenberichte ignorieren und verwalten
Trails profitabel nutzen
Und begreifen:
Dass die Einfachheit und Normalität keinen interessiert. *FX230203*

DIMENSIONEN

In zweidimensionalen Gehirnen
Dreidimensionalen Scherbenhaufen ordnen
Um in vierdimensionalen Welten
Den klaren Gedanken der fünfdimensionalen Erkennbarkeit
Sichtbar zu machen, ohne nachzufragen
Wann die sechste Dimension des Wahnsinns endet. *FX091103*

SCHREIE ZU SAND

Kein Platz im hohlen Schädel
Kein Funken Freiheit schlägt in deiner Brust
Das Leben fesselt deine Lust
Gefangener im eigenen Sein
Traurigkeit in deinen Augen
Die Tränen vermögen das Feuer
Des brennenden Keimes
In dir nicht zu ersticken
Vielmehr löst sich dein Geist
Vermag dennoch nicht ganz die Hülle zu verlassen
Etwas hält zurück, du zerrst und reißt
Deine Hand zerfällt, zerrieselt zu Sand
Allein der Schmerz dringt dir aus der Kehle
Und gellt in die Nacht
Deine Verzweiflung dringt nicht zu mir
Meine Augen blind, meine Ohren taub
Mein Herz verschlossen, mein Wille gelähmt
So zerfließt dein Ich
Ohne Halt zerrieselt deine Seele zu Sand. *FX020700*